Philippe Matherat

Une histoire de la microélectronique

Philippe Matherat

Une histoire de la microélectronique

Une révolution technique qui a profondément transformé le monde en moins d'un demi-siècle

Éditions universitaires européennes

Mentions légales/ Imprint (applicable pour l'Allemagne seulement/ only for Germany)
Information bibliographique publiée par la Deutsche Nationalbibliothek: La Deutsche Nationalbibliothek inscris cette publication à la Deutsche Nationalbibliografie; des données bibliographiques détaillées sont disponibles sur internet à l'adresse http://dnb.d-nb.de.
Toutes marques et noms de produits mentionnés dans ce livres demeurent sous la protection des marques, des marques déposées et des brevets, et sont des marques ou des marques déposées de leurs détenteurs respectifs. L'utilisation des marques, noms de produits, noms communs, noms commerciaux, descriptions de produits, etc, même sans qu'ils ne soient mentionnés de façon particulière dans ce livre ne signifie en aucune façon que ces noms peuvent être utilisés sans restriction a l'égard de la législation pour la protection des marques et des marques déposées et pourraient donc être utilisés par quiconque.

Photo de la couverture: www.ingimage.com

Editeur: Éditions universitaires européennes est une marque déposée de Südwestdeutscher Verlag für Hochschulschriften Aktiengesellschaft & Co. KG
Dudweiler Landstr. 99, 66123 Sarrebruck, Allemagne
Téléphone +49 681 37 20 271-1, Fax +49 681 37 20 271-0
Email: info@editions-ue.com

Produit en Allemagne:
Schaltungsdienst Lange o.H.G., Berlin
Books on Demand GmbH, Norderstedt
Reha GmbH, Saarbrücken
Amazon Distribution GmbH, Leipzig
ISBN: 978-613-1-52405-9

Imprint (only for USA, GB)
Bibliographic information published by the Deutsche Nationalbibliothek: The Deutsche Nationalbibliothek lists this publication in the Deutsche Nationalbibliografie; detailed bibliographic data are available in the Internet at http://dnb.d-nb.de.
Any brand names and product names mentioned in this book are subject to trademark, brand or patent protection and are trademarks or registered trademarks of their respective holders. The use of brand names, product names, common names, trade names, product descriptions etc. even without a particular marking in this works is in no way to be construed to mean that such names may be regarded as unrestricted in respect of trademark and brand protection legislation and could thus be used by anyone.

Cover image: www.ingimage.com

Publisher: Éditions universitaires européennes is an imprint of the publishing house Südwestdeutscher Verlag für Hochschulschriften Aktiengesellschaft & Co. KG
Dudweiler Landstr. 99, 66123 Saarbrücken, Germany
Phone +49 681 37 20 271-1, Fax +49 681 37 20 271-0
Email: info@editions-ue.com

Printed in the U.S.A.
Printed in the U.K. by (see last page)
ISBN: 978-613-1-52405-9

Une histoire de la microélectronique

Philippe Matherat

2

Ce texte est issu d'un enseignement donné aux élèves de première année de l'ENST depuis 1998. (Cette école s'appelle Télécom-ParisTech depuis janvier 2008.) Notre rédaction initiale du support de cours était beaucoup redevable à l'ouvrage publié par les laboratoires Bell à l'occasion du cinquantenaire de l'invention du transistor [1]. Ce cours a été ensuite remanié et régulièrement mis à jour. Il se veut une introduction pour un public large, mais suppose un début de familiarité avec le vocabulaire répandu dans le domaine de la micro-informatique.

Chapitre 1

Une révolution industrielle

1.1 Introduction

Un demi-siècle après l'invention du transistor (invention qui a eu lieu en 1947), les circuits intégrés comportaient de l'ordre de cent millions de transistors par puce (10^8). A partir de l'invention du circuit intégré (interconnexion de plusieurs transistors sur une même puce) en 1958, l'accroissement s'est fait de façon exponentielle, par un doublement tous les 18 mois. Ce rythme avait été remarqué dès 1965 par G. Moore (d'où le nom de *loi de Moore*). Il s'est toujours maintenu depuis et les prédictions parient sur son maintien pendant une dizaine d'années encore.

Aucune autre technique n'a connu un développement aussi rapide dans l'histoire de l'humanité. Cette variation exponentielle s'applique à tous les paramètres qui caractérisent l'électronique : dimensions des transistors (dont la surface est divisée par 2 tous les 3 ans), prix de chaque transistor qui diminue (le prix d'une puce est resté constant), marché mondial des semiconducteurs (multiplié par 3 tous les 8 ans), etc.

Le nombre total de transistors en service en 1997 était estimé à 2.10^{17}, soit 40 millions par habitant de la planète. Le marché mondial des semiconducteurs en 2006 était de 250 milliards de dollars, et ceci constitue environ 20 % du marché de l'électronique.

Cette évolution a rendu possible le développement des ordinateurs, de l'informatique, des logiciels. La première calculatrice électronique date de 1945, 2 ans seulement avant l'invention du transistor. Elle comportait 18 000 tubes à vide, était moins puissante qu'une calculette actuelle, et son MTBF

("Mean Time Between Failure" ou "temps moyen entre pannes") ne dépassait pas quelques dizaines de minutes. Sans transistor, il n'aurait pas été possible de développer des ordinateurs d'une puissance et d'une fiabilité suffisantes pour envisager le développement de l'industrie du logiciel. En retour, les puces actuelles ne peuvent être conçues qu'avec l'aide de programmes de CAO (Conception Assistée par Ordinateur) sophistiqués permettant de gérer leur complexité.

Cette évolution a également rendu possible le développement des communications et des réseaux. Sans électronique complexe, pas d'informatique distribuée, pas de réseaux téléphoniques modernes, pas d'internet, pas de téléphone mobile, pas de multimédia...

Tout cet ensemble de techniques aux développements imbriqués, associant ordinateurs, logiciels, électronique, Silicium, et transport de l'information forment un "système technique" [2], qui transforme en profondeur la société en un temps très court, d'où le nom de "révolution". On parle de "deuxième révolution industrielle", en comparaison avec la première survenue au 19ème siècle et liée au système technique fondé sur : moteurs, énergie, métaux, machines-outils, transport des matières et des personnes, extraction minière, etc.

1.2   Les principales innovations

Le terme "électronique" trouve son origine dans l'utilisation des *tubes à vide* (les "lampes" des anciens postes de radio) dont le fonctionnement repose sur un courant d'*électrons* ("rayons cathodiques" découverts par J. J. Thomson en 1897). Pourtant, la moitié de l'histoire de l'électronique, et l'explosion de ses applications sont dûs à l'utilisation des matériaux semi-conducteurs, principalement le Silicium (figure 1.1).

Dès 1925, J. E. Lilienfeld avait proposé l'utilisation d'un "effet de champ" dans un semi-conducteur pour moduler un courant par une tension, comme dans un tube à vide. Mais le premier "effet transistor" n'a été observé qu'en 1947, dans les laboratoires de Bell (par J. Bardeen, W. Brattain et W. Shockley, qui ont reçu pour cette invention le prix Nobel en 1956) avec un montage à pointe dont le fonctionnement a été compris l'année suivante, grâce à une théorie de Shockley. Cette invention a débouché sur les "transistors bipolaires", dans lesquels la borne d'entrée (appelée "base") n'est pas isolée, et qui ont constitué longtemps le seul type de transistors commercialisés. Le

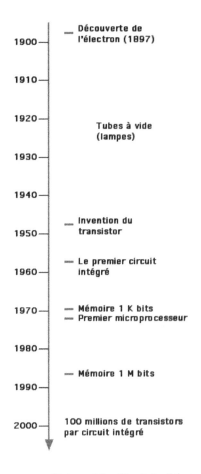

FIGURE 1.1 – Un siècle d'électronique

premier transistor à effet de champ n'a fonctionné qu'en 1959 (par Atalla). Il est nommé "MOS-FET" (pour Metal Oxyde Semiconductor-Field Effect Transistor) que l'on a ensuite abrégé en "MOS".

Un transistor est constitué de *jonctions*, c'est-à-dire de contacts entre des zones de semi-conducteurs (tel que le Silicium) dont le *dopage* est différent. Le dopage est l'opération qui consiste à insérer dans le réseau cristallin (du Silicium) des atomes étrangers (de Bore ou d'Arsenic), afin de permettre une circulation de charges électriques (positives ou négatives, c'est-à-dire trou ou électron, suivant la nature du dopant).

Les premières jonctions étaient obtenues par soudure, puis par dopage lors de la cristallisation (permettant en 1952 des bases de 10 microns dans des transistors bipolaires fonctionnant à 10 MHz), puis par dépôt d'impuretés en surface (1954, 500 MHz).

En 1955, Shockley part pour l'ouest, monter sa société en Californie, à Palo Alto, ce qui sera à l'origine de la "Silicon Valley". En 1957, plusieurs ingénieurs (dont G. Moore et R. Noyce) quittent cette société pour créer Fairchild, qui se développe rapidement grâce à une importante commande de transistors de la part d'IBM. C'est aussi l'année du premier satellite artificiel (soviétique : "Sputnik"), ce qui va pousser les États-Unis d'Amérique à investir dans la miniaturisation de l'électronique.

1.2.1 Photolithogravure et procédé *planar*

Une étape importante a été franchie en 1955 par l'utilisation de la photolithogravure : gravure sélective (par exemple ici de la silice, figure 1.2) à travers un masque de résine, elle-même gravée après exposition à la lumière à travers un masque photographique. La résine doit donc être photosensible. La silice (SiO_2) est au préalable obtenue par oxydation de la surface du silicium et constituera l'isolant principal des transistors.

Nous avons représenté (figure 1.3) une succession d'opérations (de façon très simplifiée) pouvant conduire à la réalisation d'un transistor.

– À la première des 5 étapes, on a refait pousser un peu d'oxyde au fond du trou, trou précédemment ouvert par une opération de gravure. Ce nouvel oxyde est appelé *oxyde mince* et deviendra l'isolant de l'électrode de *grille*.

– À l'étape suivante, on a déposé sur cet oxyde mince une électrode conductrice (dessinée en rouge) en silicium polycristallin, qui sera l'électrode de grille du transistor. Pour réaliser un tel dépôt, il faut déposer

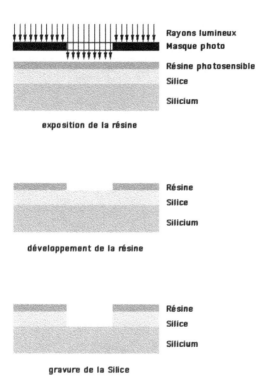

FIGURE 1.2 – Photolithogravure

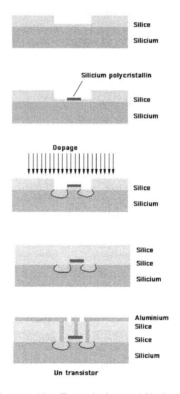

FIGURE 1.3 – Exemple de procédé *planar*

une couche uniforme sur toute la surface de la puce et ensuite graver cette couche à l'aide d'un nouveau masque de photolithogravure. Après la réalisation de cette électrode de grille, on enlève l'oxyde mince sur les côtés de la grille. Il suffit pour cela d'attaquer l'oxyde sur toute la puce, la grille sert de masque. (C'est ce qu'on appelle une technologie "auto-alignée", car on est sûr ainsi que la grille et son isolant se superposent exactement.)

– À l'étape suivante, on projette partout les atomes de dopant. Ils n'ont d'effet que là où le silicium est nu, c'est-à-dire sur les côtés de la grille. Après un recuit (passage dans un four), les dopants pénètrent plus profondément dans le silicium par diffusion et constitueront les zones conductrices appelées *drain* et *source* (zones représentées en jaune). À partir de cette étape, le transistor est fonctionnel, il reste à connecter ses 3 électrodes (grille, drain et source) au monde extérieur.

– À l'étape 4, on dépose de la silice sur toute la surface de la puce pour obtenir une isolation électrique complète. Il faut ensuite percer des trous dans cette silice pour effectuer les interconnexions. Ceci nécessite un masque de photolithogravure.

– Sur le dernier dessin, on a représenté les connections metalliques terminées. Ceci est fait en déposant de l'aluminium sur toute la surface de la puce (à l'endroit d'un trou dans la silice, l'aluminium pénètre jusqu'au contact avec l'électrode), puis en gravant cette couche d'aluminium à l'aide d'un nouveau masque de photolithogravure.

Au cours du processus que nous venons de décrire, il a été utilisé 4 masques de photolithogravure : 1) ouverture du premier trou dans l'oxyde épais, 2) gravure du silicium polycristallin, 3) ouverture des trous dans l'oxyde déposé, 4) gravure de l'aluminium. Ce processus est voisin (quoique très simplifié) de celui utilisé dans les années 70 sous le nom de "MOS canal N, Grille Si" et qui utilisait 8 masques. Les procédés modernes utilisent 25 masques (CMOS à plusieurs niveaux de métal d'interconnexion), voire davantage pour les mémoires non-volatiles ("mémoires flash").

C'est un exemple de procédé dit "planar" (inventé en 1958 par Hoerni), car la planéité permet l'interconnexion par l'aluminium. Cette planéité est rendue possible par le fait que la première couche d'oxyde est de même épaisseur sur la totalité de la puce et qu'elle sert de masque pour le dopage des drains et sources des transistors. Ce procédé n'a été inventé que 10 ans après le transistor. Auparavant, les dopages étaient réalisés au début du procédé de fabrication. Les transistors voisins n'étaient pas isolés les uns des autres. Pour les faire co-exister au sein d'une même puce, il était nécessaire de graver entre eux une profonde vallée. Cette vallée interdisait l'interconnexion entre deux transistors voisins en raison du manque de planéité. Ainsi, chaque transistor était disposé sur un "plateau" surélevé, séparé de ses voisins par des vallées servant à délimiter les zones dopées. Les transistors étaient ensuite dissociés pour être montés dans des boîtiers individuels.

À la fin des années 50, on comprit que la silice pouvait servir de masque pour déposer sélectivement les impuretés dopantes à la surface du silicium. Ainsi, deux transistors voisins ne risquaient plus d'être reliés électriquement puisque la zone intermédiaire n'était pas dopée si elle était couverte de silice. La surface de silicium n'était plus creusée de vallées, d'où ce nom de technologie "planar".

Cette possibilité d'interconnecter à volonté les bornes des transistors voisins par une couche de métal (Aluminium) photogravé a permis l'apparition du "circuit intégré", inventé en 1958 par Noyce Une autre méthode d'interconnexion entre les transistors d'une même puce avait été développée un peu avant par Kilby (Texas Instruments), ce qui lui vaut d'être reconnu comme l'inventeur du circuit intégré. Cette méthode consistait à utiliser des fils soudés pour interconnecter les transistors. Ces fils devaient être posés un par un. Cette technique n'est pas compatible avec la photolithogravure et n'a donc pas été retenue pour les circuits intégrés, mais elle a été utilisée pour les circuits dits "hybrides" (plusieurs puces interconnectées dans un même boîtier).

1.2.2   Rendement de fabrication et miniaturisation

Le rendement de fabrication d'un transistor isolé (probabilité qu'il fonctionne correctement) étant alors de $0,2 = 20\%$, on pensait que le rendement pour un circuit intégré comportant 2 transistors serait de $0,2 \times 0,2 = 0,04$ soit 4%, et ainsi de suite avec une chute exponentielle du rendement en fonction du nombre de transistors reliés. C'est en 1964 que l'on comprit (Murphy) que le rendement était surtout gouverné par la densité de poussières par unité de surface de silicium et non par le nombre de transistors. En effet, pour qu'une puce soit correctement réalisée, il faut qu'il n'y ait pas eu de poussière sur toute sa surface pendant sa fabrication. Il y a donc une relation entre le rendement et l'aire totale de chaque puce. À nombre de transistors donné, plus la puce est petite et plus son rendement de fabrication est grand car la probabilité de présence d'une poussière est plus faible. Ceci a poussé à la miniaturisation et a conduit à la construction d'usines de plus en plus propres ("salles blanches") permettant actuellement des rendements de 95% sur des circuits très complexes et très gros.

Longtemps, les transistors et les puces ont nécessité d'être enfermés sous des capots étanches, comme l'étaient les tubes à vides. En effet, les semi-conducteurs très purs voient leurs propriétés rapidement modifiées par les impuretés de l'air ambiant (vapeur d'eau, éléments divers en particulier Sodium). Ce problème n'a été complètement résolu que 20 ans plus tard. Dans un premier temps (à l'apparition de la technologie planar), on comprit que le fait de laisser la silice sur le silicium est une bonne protection. Ensuite, on a recouvert la puce d'une couche supplémentaire de nitrure de silicium (passivation, 1966 par Dalton) qui protège complètement le circuit et permet, si on le désire, de l'enrober ultérieurement dans une matière plastique pour former un "boîtier plastique", plus économique que le "boîtier céramique".

A. Grove, G. Moore et R. Noyce fondent la société Intel en 1968 dans le but de commercialiser des mémoires MOS. Ils sortiront la 2115 (1 Kbits) en même temps que Fairchild sort la 93415 (de même capacité, mais en bipolaire). C'est le début de l'ère LSI (Large Scale Integration).

Puis Intel sort la première mémoire dynamique ("DRAM" pour "Dynamic Random Access Memory") en 1970 : la 1103 de 1 Kbits. Chaque cellule de 1 bit comporte 3 transistors (au lieu de 6 pour les mémoires statiques). Le circuit complet comporte 5 000 transistors. La technologie est PMOS grille Si. Le premier microprocesseur est le 4004 de Intel en 1971 (mots de 4 bits).

A cette époque, bien que la loi de Moore soit connue et se révèle correcte depuis une dizaine d'années, il n'était pas clair que la diminution des dimensions puisse toujours être aussi bénéfique aux caractéristiques électriques des transistors qu'elle est bénéfique à la diminution du taux de défauts dûs aux poussières. Mais un article de 1974 (par Dennard et al) montra comment utiliser le facteur d'échelle pour modifier les principaux paramètres de fabrication et ainsi gagner sur tous les tableaux : augmentation de la densité des transistors par unité de surface, diminution des capacités électriques, diminution des temps de basculement et de propagation, diminution de la consommation, augmentation des rendements, diminution des coûts. A partir de ce moment, il devenait clair que l'amélioration des performances technologiques et économiques allaient de pair avec la poursuite de la miniaturisation.

1.2.3   Loi de Moore et générations successives

A partir de 1970, le développement suit le rythme exponentiel représenté figure 1.4. C'est ce rythme de croissance qui est appelé : "loi de Moore".

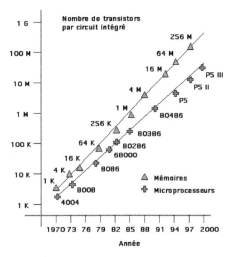

FIGURE 1.4 – Évolution du nombre de transistors par circuit

Le produit essentiel de cette industrie est la mémoire. Il dispose d'un très grand marché (tous les montages ont besoin de mémoire), concentre toutes les difficultés technologiques (si l'on recherche une densité maximum) et pousse constamment à la modernisation des usines.

En 1974, Intel introduit la DRAM de 4 Kbits. Une cellule mémoire n'est plus constituée alors que d'un seul transistor associé à un condensateur. La technologie est MOS canal N grille Si. Ce sera également la technologie des microprocesseurs 8 bits. Dans cette technologie, la dissipation n'est pas négligeable en l'absence d'horloge, alors qu'elle l'est dans le CMOS (MOS complémentaire), mais les réalisations CMOS occupent alors trop de surface. Ce compromis sera renversé au début des années 80, date à partir de laquelle l'utilisation du CMOS devient universelle pour les circuits logiques. En 1984, les mémoires atteignent le cap de 1 Mbits, c'est l'ère VLSI (Very Large Scale Integration).

La loi de Moore n'est pas réalisée comme une évolution continue, mais comme une succession de paliers (ou générations). A chaque palier, les industriels se fixent comme objectif de diviser la surface d'un transistor par 2, ce qui revient à diviser la largeur des motifs gravés par $\sqrt{2}$ dans chaque dimension. Et comme, en outre, grâce à l'amélioration du rendement de fabrication, on arrive à doubler la surface des puces à chaque génération, cela donne un facteur 4 pour le nombre de transistors par puce à chaque génération (figure 1.5 et 1.6). Depuis plus de 30 ans, les générations se sont succédées au rythme d'une tous les trois ans. Ces dernières années, elles se sont plutôt raprochées, au rythme d'une tous les deux ans entre 1995 et 2001 (sans toutefois augmenter la surface des puces).

Une génération	tous les	3 ans
Largeur des motifs gravés	divisée par	1,4
Surface d'un transistor	divisée par	2
Surface totale d'un circuit	multipliée par	2
Nombre de transistors par circuit	multiplié par	4

FIGURE 1.5 – Évolution pour une génération

Exemple, toutes les 3 générations	1971	1980	1989	1998	2007
Largeur mini de gravure (microns)	10	3	0,8	0,25	0,09
Capacité des RAMs dynamiques (en bits / puce)	1 K	64 K	4 M	256 M	16 G

FIGURE 1.6 – Évolution pour 12 générations

Les technologies successives (à chaque génération) sont nommées par la largeur du plus petit motif que l'on peut graver (largeur sur le masque de photogravure). La technologie utilisée en production en 2007 est de 0.09 micron (90 nanomètres) ou de 0,065 micron. La longueur d'un canal de transistor (largeur d'une connexion de grille après gravure effective) est encore moitié plus faible : 45 nm ou 35 nm. L'épaisseur de l'oxyde de grille est de moins de 4 nm, soit une douzaine de couches atomiques. Les interconnexions sont réalisées par 7 à 10 niveaux de métal, isolés par des couches de silice d'une épaisseur de un micron environ. L'ensemble du traitement nécessite 25 masques, ce qui représente plus de 500 opérations différentes, s'étalant sur un à deux mois. En effet, pour utiliser un masque, il faut une succession d'opérations telles que : nettoyage, séchage, dépôt de la résine photosensible, cuisson de la résine, exposition de la résine à travers le masque, développement de la résine, nettoyage, attaque de la couche située sous la résine, nettoyage, enlèvement de la résine résiduelle, sans compter les opérations d'oxydation, ou de dopage, ou de dépôt de couches (métal par exemple). Cela représente en moyenne 20 opérations par masque.

1.2.4 Quelques exemples de difficultés rencontrées

Jusqu'au milieu des années 70, les largeurs de motifs étaient supérieures à 5 microns, les masques photographiques étaient en verre, à l'échelle 1, et appliqués au contact de la résine lors de l'exposition. La totalité du "wafer" (disque de Silicium d'un demi millimètre d'épaisseur tranché dans un barreau cylindrique) était exposée en une seule opération. Les masques étaient endommagés lors de ce contact et les défauts se reportaient d'un wafer au suivant. Les masques devaient être renouvelés très fréquemment (après 25 à 50 utilisations). Actuellement, les masques sont à l'échelle 5. L'exposition de la résine se fait à travers une optique de projection qui réduit du rapport 5. Les circuits sont exposés un par un, par une machine déplaçant correctement le wafer ("step and repeat"), avec une précision bien meilleure que le dixième de micron ! La machine qui réalise ce placement s'appelle "photorépéteur", elle coûte de l'ordre de dix millions d'euros. Les masques photographiques à l'échelle 5 sont eux-mêmes réalisés à l'aide d'un faisceau d'électrons d'un diamètre de 1 micron. Ces masques, appelés "réticules" sont en quartz et chrome. Un jeu de réticules pour réaliser un circuit coûte de l'ordre de un million d'euros.

L'optique de projection doit avoir une grande ouverture pour minimiser la diffraction. Dans la pratique, on arrive à ce que la largeur minimum des motifs gravés soit du même ordre que la longueur d'onde de la lumière qui sert à exposer la résine. La technologie 0,25 micron était exposée à l'aide d'une raie à 0,248 micron (ultraviolet profond) du fluorure de krypton. La technologie 130 nm est exposée à l'aide d'une raie à 0,193 micron du fluorure d'Argon (ArF), qui est utilisable pour la technologie 90 nm. Périodiquement, il faut diminuer la longueur d'onde de la lumière qui expose la résine et donc changer également la composition chimique de la résine. Aux longueurs d'onde ultraviolettes, les verres optiques (même en quartz) sont de plus en plus opaques. Il faut utiliser des optiques en CaF_2 (fluorite) et il faudra passer à l'utilisation de miroirs, usinés avec une précision du quart de longueur d'onde, sur des grands diamètres ! Les objectifs utilisés actuellement pèsent plusieurs centaines de kg et coûtent plusieurs millions d'euros.

La gravure à travers les ouvertures créées dans la résine se faisait initialement en phase liquide (attaque par un acide). Tout allait bien quand les largeurs des ouvertures (5 à 10 microns) étaient grandes devant les épaisseurs des couches (moins que un micron, figure 1.7). Aujourd'hui, l'ordre est inversé (largeur de 0,13 micron pour une épaisseur de 0,5 micron par exemple) et la gravure doit se faire par plasma, qui permet une attaque anisotrope (figure 1.8). Cette technique se réalise en phase gazeuse à basse pression, et les processus d'attaque sont intermédiaires entre un bombardement physique et une réaction chimique.

1971

Gravure par un acide en phase liquide (isotrope)

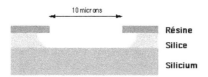

Résine

Silice

Silicium

FIGURE 1.7 – Gravure par un liquide

Pour l'apport d'atomes dopants, au début on laissait diffuser les impuretés provenant d'un gaz à la surface du silicium, protégé sélectivement par l'oxyde (l'oxyde s'oppose à la diffusion des dopants). On a également utilisé le dépôt d'un verre apportant les dopants par contact (phosphosilicate). Aujourd'hui, on accélère des ions pour les projeter à la surface du wafer (implantation ionique). La quantité d'ions est contrôlée très précisément par l'intégrale du courant reçu par le wafer.

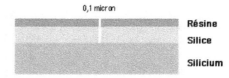

2001

Gravure par plasma (anisotrope)

0,1 micron

Résine

Silice

Silicium

FIGURE 1.8 – Gravure par plasma

Autre difficulté, les connexions métalliques des VLSIs (en Aluminium principalement) sont traversées par des courants très denses (leur section est bien inférieure au micron^2 !), mille fois plus denses que dans les fils électriques des habitations (10 ampères par mm^2). Ceci entraîne des ruptures par "électro-migration" (l'énergie cinétique des électrons est communiquée aux atomes). Pour résoudre ce problème, on doit envelopper ces conducteurs dans un sandwich composé de tungstène et de nitrure de titane.

La résistivité et la capacité de ces connexions font que le temps de propagation à longue distance (1 cm) devient beaucoup trop grand devant la période d'horloge. C'est ce qui a conduit en 1998 à la mise au point d'une interconnexion par le cuivre qui est meilleur conducteur. Cela ne s'est pas fait sans difficulté car le cuivre est très polluant pour le silicium.

Ces quelques éléments ne sont que des exemples de la complexité de ces technologies. Tous ces aspects doivent être mis à jour à chaque génération de circuits. Les machines qui réalisent ces opérations coûtent chacune plusieurs millions d'euros et leur durée de vie est de 3 à 5 ans. Les usines (chacune coûte actuellement plusieurs milliards d'euros) doivent être suffisamment modulaires pour s'adapter constamment (figure 1.9). Les techniques pour gérer ces centres de production sont aussi complexes que celles utilisées pour fabriquer les circuits.

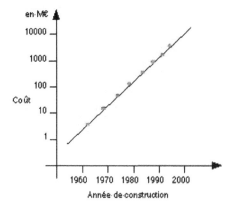

FIGURE 1.9 – Coût des usines

1.3 La loi de Moore

Nous avons déjà vu quelques exemples de formulations de la loi de Moore. Initialement, il s'agissait de modéliser l'évolution du nombre de transistors par puce. Mais comme tous les paramètres évoluent de façon exponentielle, on a pris l'habitude de les porter sur des graphiques où l'abscisse porte la date (année de lancement d'un circuit), et où l'ordonnée porte un paramètre quelconque en échelle logarithmique, afin de pouvoir dessiner l'évolution sous forme d'une droite.

Tout d'abord, l'essentiel du progrès vient de la réduction des dimensions, de la finesse de gravure ("règle de dessin"). Le plus petit motif que l'on peut graver est utilisé pour définir la longueur d'un canal de transistor (largeur de grille). Cette distance est divisée par 1,4 tous les 3 ans (figure 1.10). Parallèllement, l'amélioration du savoir-faire en matière de défauts permet d'augmenter la surface maximale des puces réalisables. On a pu ainsi passer d'une surface maximale de 5 mm^2 en 1970 à une surface de 5 cm^2 en 2000. (En fait, les machines d'exposition par "step and repeat", les photorépéteurs, conduisent à une normalisation des tailles de puces, ce qui conduit à des

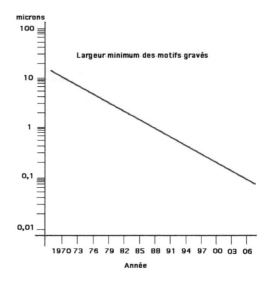

FIGURE 1.10 – Règle de dessin

surfaces de l'ordre de 2 cm² pour les circuits produits en grande quantité.)

En parallèle, on innove pour simplifier la structure des motifs élémentaires, rendre les transistors des mémoires plus "verticaux", et pour augmenter le nombre de niveaux d'interconnexions (mieux utiliser la 3ème dimension). Cette innovation permet une augmentation de densité plus rapide. Ainsi, on considère que le facteur 4 du tableau de la figure 1.5 concernant l'évolution du nombre de transistors à chaque génération est constitué en fait d'un facteur 2 lié à la gravure (aire de chaque transistor), d'un facteur $\sqrt{2}$ lié à l'augmentation de l'aire totale de la puce, et d'un autre facteur $\sqrt{2}$ lié à l'innovation sur la structure des motifs élémentaires.

Comme le coût de traitement d'un wafer est à peu près constant, on obtient une baisse exponentielle du coût du bit de mémoire (environ -25% par an), figure 1.11, où les coûts sont exprimés en micro-euros par bit de mémoire.

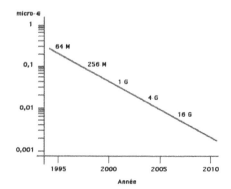

FIGURE 1.11 – Coût du bit de mémoire électronique

L'augmentation des vitesses d'horloge et l'augmentation de complexité des puces permet une augmentation exponentielle de la puissance des microprocesseurs, comptée en IPS (Instructions par seconde), figure 1.12.

Le marché de la micro-électronique est multiplié par 3 tous les 8 ans (figure 1.13), ce qui représente une moyenne de 17% par an sur 40 ans.

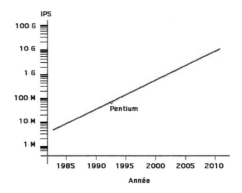

FIGURE 1.12 – Puissance de calcul des processeurs

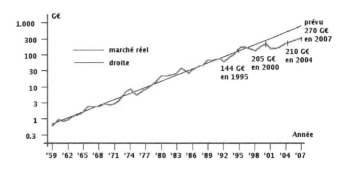

FIGURE 1.13 – Croissance (sur 50 ans) du marché des semi-conducteurs

Le fait que ce marché soit aussi important que celui du pétrole, loin devant l'aviation, l'armement, ou le lancement de satellites fait nommer le Silicium "l'or gris" (figure 1.14).

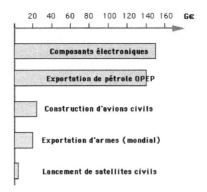

FIGURE 1.14 – Marchés respectifs en 1995

1.4   Informatique et télécommunications

Le développement de la micro-électronique a permis le développement des ordinateurs, des logiciels et des télécommunications. Inversement, la micro-électronique n'aurait pas pu se développer sans le développement conjoint de ces techniques.

Le premier commutateur téléphonique (appelé aussi "standard" téléphonique) à utiliser l'électronique, à la place des simples contacteurs, est contemporain de la première calculatrice électronique (1945). Ces deux réalisations utilisaient des tubes à vide. La recherche sur les premiers transistors (chez Bell, un opérateur des téléphones !) était motivée par le désir de remplacer les tubes à vide dans ces machines, pour améliorer leur fiabilité. Ces deux techniques (calcul et communication) étaient déjà liées : on faisait communiquer par téléphone les premières calculatrices à relais en 1939.

La première calculatrice électronique (ENIAC) ne possédait pas de programme enregistré. Elle exécutait des instructions spécifiées à la main sur un tableau de contacteurs. Il n'y avait pratiquement pas de mémoire, seulement quelques registres de quelques bits. Puis, les mémoires ont été réalisées à l'aide de dispositifs physiques particuliers, présentant naturellement un effet de mémoire, par exemple grâce à une propriété magnétique comme les tores de ferrites. Le passage des fils de cuivre dans chaque tore était réalisé à la main. La capacité de ces mémoires était nécessairement très faible.

Cette situation n'a vraiment changé qu'avec l'apparition des mémoires MOS au début des années 70. Comme exemple de conséquence de l'accroissement des capacités des puces mémoires, citons les écrans graphiques à balayage télévision qui nécessitent de stocker l'image dans une mémoire de l'ordre de 100 Kbits au minimum et qui, pour cette raison, n'ont pu apparaître qu'à la fin des années 70.

Avec des ordinateurs possédant peu de mémoire et des fréquences d'horloge faibles, les logiciels sont nécessairement très simples, souvent développés instruction par instruction (voire bit par bit), sans interface graphique. Dans les années 70, on utilisait des compilateurs occupant 4 K octets par exemple. Les applications ne pouvaient disposer d'interfaces conviviales et ne pouvaient s'adresser à un large public, l'informatique restait une affaire de spécialistes.

Les choses ont changé au début des années 80 avec l'apparition des premiers PCs, devenus possibles avec l'apparition de microprocesseurs de puissance suffisante (8 à 16 bits à des fréquences de 2 à 5 MHz) et de mémoires de taille correcte (64 K octets). Auparavant, utiliser un ordinateur consistait à écrire un programme pour chaque besoin, il n'y avait pas de marché du logiciel. Quand le nombre d'utilisateurs de PCs s'est développé rapidement, l'usage courant est devenu l'installation et le lancement d'applications standard (traitement de textes, tableur), permis par le démarrage d'une industrie du logiciel. Ensuite, la croissance conjuguée des tailles mémoires, des puissances de microprocesseurs, et des tailles et complexité des logiciels se sont soutenues mutuellement pour suivre ensemble la loi de Moore.

La complexité croissante des circuits intégrés nécessitait en parallèle un développement des outils de conception de circuits. Dans les années 70, on dessinait les transistors à la main sur du papier millimétré avant de taper au clavier les coordonnées des polygones. On vérifiait la base de données ainsi créée en dessinant les quelques milliers de transistors sur une table traçante à feutres. Les seules simulations électriques possibles concernaient des assemblages élémentaires de moins de 10 transistors.

Les télécommunications ont profité de ces développements. En 1960, les commutateurs téléphoniques ont été équipés de processeurs réalisés avec des transistors discrets et des mémoires à tores de ferrite. En 1976, on a commencé à numériser la voix pour faire du multiplexage temporel entre autocommutateurs, et utiliser des supports divers : fibre optique, radio, etc.

Ces techniques ont permis ensuite d'utiliser les mêmes communications pour transmettre de façon numérique des données, du son, des images (figure 1.15), et ont permis d'interconnecter largement les ordinateurs pour développer des réseaux informatiques, eux-mêmes interconnectés ensuite pour devenir l'Internet. Ces réseaux permettent le développement d'un marché global qui est en train de profondément bouleverser les sociétés humaines.

Type de données	Texte	Son	Image
Débit de communication	10 bits/s	10 kbits/s	10 Mbits/s
Puissance de calcul (Instr./s)	1 k Ips	1 M Ips	1 G Ips
Taille mémoire	1 kOctets	1 MOctets	1 GOctets

FIGURE 1.15 – Besoins en capacités et débits

La micro-électronique ne concerne pas que les PCs. Le nombre de processeurs embarqués dans toutes sortes d'appareils est bien supérieur. Dans une automobile, on compterait une soixantaine de processeurs. Il faut considérer que le nombre de processeurs en service est de l'ordre de 1000 fois le nombre d'objets identifiés comme "ordinateurs".

Chapitre 2

Histoire des architectures de circuits

2.1 Introduction aux architectures de puces

Plus on peut mettre de transistors sur une seule puce, et plus le nombre de puces différentes que l'on peut imaginer est grand (la relation est exponentielle). Pourtant, le nombre de types de puces différentes commercialisées est relativement faible : on trouve quelques microprocesseurs, quelques mémoires, des FPGAs (les sigles sont définis un peu plus bas), quelques circuits spécialisés, et des méthodes pour réaliser des circuits à la demande (ASICs). La raison de cette faible diversité est que la rentabilité d'un circuit particulier n'est obtenue que si le nombre d'exemplaires commercialisés est très grand, afin d'amortir les coûts de développement (économies d'échelle). Or, pour qu'un circuit ait un très grand marché, il faut qu'il puisse se monter sur des cartes destinées à des applications très variées.

Historiquement, les premiers circuits intégrés numériques commercialisés (années 60) furent des portes logiques élémentaires (comme le 7400 de Texas Instruments qui contenait quatre NON-ETs à 2 entrées) ou des bascules élémentaires (comme le 7474 qui contenait 2 bascules D). C'était l'époque SSI (Simple Scale Integration). Toutes les fonctions électroniques logiques étaient réalisées par l'assemblage de ces "briques élémentaires" choisies dans un catalogue d'une vingtaine de circuits différents.

Puis apparurent des circuits un peu plus complexes, tels que : compteur 4 bits, registre à décalage 4 bits, UAL 4 bits (Unité Arithmétique et

Logique), mémoire de 16 mots de 4 bits. Chaque circuit pouvait contenir une centaine de portes logiques. C'était l'époque MSI (Middle Scale Integration). Le catalogue des circuits s'enrichissait de nouvelles fonctions, montant en complexité, mais aussi en spécialisation. La réalisation d'une application électronique (le métier d'électronicien numérique) consistait en l'assemblage de ces circuits élémentaires.

Au début des années 70 apparurent les premiers microprocesseurs (4 bits, 1000 portes) et les premières mémoires denses (1K bits). C'était le début de l'ère LSI (Large Scale Integration). On comprit alors que de nombreuses applications électroniques, quoique spécialisées, pouvaient se réaliser avec une carte microprocesseur standard programmée d'une façon particulière. Le métier d'électronicien se diversifia, incluant les techniques de programmation, associées jusqu'alors au métier d'informaticien. Le marché de ces nouveaux circuits LSI (microprocesseurs et mémoires) était large (spécialisation faible). Les circuits SSI et MSI étaient toujours indispensables pour connecter ensemble des circuits LSI d'une façon particulière.

Au début des années 80, alors que les circuits LSI montaient en complexité (microprocesseurs plus complexes et plus rapides, mémoires plus denses), les circuits SSI et MSI commençaient à être remplacés par des PLAs (Programmable Logic Arrays), qui sont des réseaux de portes logiques dont l'interconnexion était programmable par des liens fusibles. Ces circuits sont configurables une fois, et permettent de réaliser des fonctions de complexité MSI avec un catalogue de circuits de base très réduit. Leur marché était donc bien plus large que les circuits MSI précédents puisque leur spécialisation était faible.

Parallèlement, la conception d'un circuit intégré LSI devenait accessible pour des applications spécialisées. En effet, au lieu de se contenter d'assembler des circuits intégrés standard sur une carte imprimée spécialisée, pourquoi ne pas assembler les transistors d'une façon particulière (ASIC : Application Specific Integrated Circuit). Le coût de développement est beaucoup plus grand, mais cela peut être intéressant si le nombre d'exemplaires fabriqués est assez grand, ou si la miniaturisation est indispensable. Pour l'industrie du circuit intégré, le métier n'est plus de concevoir et de vendre des "fonctions logiques", mais devient d'une part un métier de sous-traitant "fondeur de silicium" qui réalise des circuits qu'il n'a pas conçus, et d'autre part un métier de conception-vente de logiciels de CAO pour aider les clients à concevoir leur propre circuit.

A la fin des années 80, l'accroissement des densités d'intégration permet

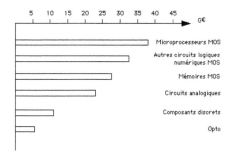

FIGURE 2.1 – Répartition du marché en 2001 (total 138 Milliards d'euros)

des réseaux de portes programmables (FPGA : Field Programmable Gate Array) qui élargissent le marché des PLAs jusqu'à des complexités LSI. Ces circuits sont reprogrammables électriquement à volonté, et concurrencent très sérieusement les ASICs grâce à un temps de développement plus court (donc un coût plus adapté aux petites séries). Leur programmabilité n'est pas celle d'un microprocesseur (où la circuiterie est fixe et le contenu de la mémoire variable), mais consiste en la modification des connexions entre les portes logiques (modification de la circuiterie). Ils ne concurrencent donc pas les microprocesseurs. Néanmoins, ils couvrent un champ d'application très large, depuis le remplacement (regroupement) des circuits SSI-MSI, jusqu'au remplacement d'ASICs.

Aujourd'hui, une carte électronique spécialisée quelconque se réalise souvent en assemblant un microprocesseur, une mémoire, et un FPGA ou un ASIC. Ces 4 types de circuits résument grosso-modo les principaux segments du marché des circuits intégrés. Pour une répartition du marché des semi-conducteurs suivant les types de circuits, on peut se reporter à la figure 2.1. Les FPGAs et les ASICs y sont regroupés sous "Autres circuits logiques...". "Opto" désigne les composants optoélectroniques, tels que les diodes électro-luminescentes, les diodes laser, les photo-diodes, etc.

En résumé de cette introduction, et pour illustrer comment l'ingénieur opère ses choix architecturaux face au besoin d'économie d'échelle, on peut dire rapidement :

- Pour les mémoires, il est clair que la plupart des applications de l'électronique nécessitent de stocker des données, et autant le faire dans des circuits généraux plutôt que dans des mémoires spécialisées à une application.

- Pour les microprocesseurs, l'adaptabilité aux applications diverses est bien entendu liée à leur programmabilité. L'adaptabilité est limitée uniquement par la vitesse maximum d'exécution d'un algorithme particulier. Mais plus les microprocesseurs vont vite, et plus leur marché s'accroît, face à des circuits plus spécialisés.

- Tout ce qui ne peut pas être fait avec un microprocesseur et un programme dans une mémoire doit être fait avec un circuit spécialisé. Mais les circuits spécialisés utilisent des portes logiques et des bascules, ce que contiennent les FPGAs en quantité de plus en plus importante. Ces FPGAs voient donc leur marché augmenter, remplaçant progressivement de plus en plus de circuits spécialisés.

- Enfin, dans tous les cas de circuits spécialisés où les FPGAs sont inadaptés en performance (vitesse, miniaturisation) ou en coût (grandes séries), il faudra développer un circuit ASIC.

2.2   Une histoire des microprocesseurs

La société Intel a été fondée en 1968 avec pour objectif d'utiliser la technologie MOS pour réaliser des mémoires denses (1 Kbits à l'époque). Elle réalisait également des circuits à la demande, et parmi ceux-ci une commande de la société Busicom pour une famille de circuits permettant une reconfiguration par programmation. Après l'abandon de la commande par Busicom, Intel mit cette famille (de référence 400X) à son catalogue. Le circuit comportant une UAL (Unité Arithmétique et Logique) et un séquenceur était le 4004, et devint le premier "microprocesseur", calculant sur 4 bits (sorti en 1971). Il comporte 2 300 transistors, fonctionne à 108 kHz et occupe 12 mm^2 en technologie PMOS 10 microns.

Puis Intel sort en 1972 le premier microprocesseur 8 bits : le 8008. Il comporte 3 500 transistors, en technologie PMOS 10 microns. Les dimensions de la puce sont de $4,9 \times 6,7$ mm^2. Il fonctionne à 200 kHz et exécute 60 000 instructions par seconde. Il comporte un registre accumulateur de 8 bits et 6 registres généraux. L'adressage mémoire est codé sur 14 bits (16 K octets).

Les applications de ces circuits ne concernaient pas ce que l'on appelait alors "informatique". Les machines que l'on nommaient "ordinateurs" étaient alors des machines beaucoup plus puissantes, très volumineuses et très consommatrices d'énergie. Les plus puissants exécutaient quelques millions d'instructions 32 bits par seconde et possédaient de l'ordre de 1 Moctets de mémoire, ce qui dépassait de beaucoup les possibilités des microprocesseurs. Les applications de ces derniers concernaient donc les applications d'électronique spécialisée qui pouvaient se contenter d'une fréquence assez faible. Néanmoins, quelques sociétés commencèrent à proposer des "ordinateurs individuels" à base de microprocesseurs 8 bits. La première fut la société française Micral, suivie par Altaïr en Californie.

Le premier "microcontrôleur" (ordinateur complet sur une puce) fut le TMS1000 de Texas Instruments, 4 bits, 1 K de ROM (Read Only Memory), 32 octets de RAM (Random Access memory).

Puis, en 1974, sortirent 2 microprocesseurs 8 bits en technologie NMOS 6 microns, avec un espace d'adressage de 64 Koctets : le 8080 de Intel (2 MHz), et le 6800 de Motorola (avec 2 accumulateurs 8 bits et un registre d'index 16 bits). Ils furent les coeurs des PCs Altaïr 8800 et Altaïr 6800. Ils furent déclinés dans des versions microcontrôleurs (8051 et 6801) utilisés pour des automatismes (dans l'automobile par exemple). Les concepteurs du 6800 partent de Motorola en 1975 pour fonder Mostek, qui sort ensuite le 6502, utilisé dans l'ordinateur Apple II. Sur cet ordinateur, on pouvait exécuter le programme "Visicalc", premier tableur, et véritable début de la "bureautique".

Le premier microprocesseur 16 bits fut le TMS9900 de Texas Instruments, qui avait la particularité de ne pas posséder de registre interne, et d'adresser tous ses opérandes directement en mémoire générale. Mais les premiers microprocesseurs qui ont vraiment fait décoller les PCs et rapproché ces circuits des applications informatiques furent les 16 bits 8086 (de Intel) et 68000 (de Motorola), apparus vers 1980.

Ils décidèrent IBM (jusqu'alors spécialiste de gros ordinateurs) à se lancer sur le marché des PCs, avec un premier micro-ordinateur basé sur le 8088 (version à bus externe de 8 bits du 8086), 64 Koctets de RAM et 40 Koctets de ROM. Le système d'exploitation (MSDOS) avait été sous-traité à une petite société (Microsoft), qui avait en fait adapté le système CP/M-86 acheté précédemment à la société SCP (Seattle Computer Products). Dès 1982 apparurent des clones, utilisant la compatibilité permise par l'ouverture du système d'entrées-sorties BIOS (Basic I/O System). IBM sortit le modèle XT en 1983 (avec un disque dur de 10 Mo), puis le AT en 1984 avec le processeur 80286.

Apple répliqua par la machine LISA en 1983 (68000 à 5 MHz, 1 Moctets de RAM, disque dur 5 Mo) qui innovait principalement par son interface graphique moderne (GUI : Graphical User Interface) inspirée des systèmes développés à Xerox-PARC à la fin des années 70 (PARC : Palo Alto Research Center). LISA eut moins de succès que son petit compagnon "Macintosh" sorti un an après (1984) avec un 68000 à 8 MHz et 128 K de RAM.

Avant ces machines, l'utilisateur voyait surtout l'ordinateur, produit final qu'il programmait directement, par exemple en langage "Basic", et ignorait souvent la nature du microprocesseur. Le système d'exploitation était spécifique et développé par le fabricant de l'ordinateur. A partir de ces machines 16 bits, la compatibilité avec le code microprocesseur et le système d'exploitation devenait cruciale en raison de l'usage de logiciels commerciaux, et l'utilisateur s'intéressa davantage au microprocesseur et au système d'exploitation que précédemment. Ceci entraîna une course à la puissance entre Intel (IBM-PC et "compatibles") et Motorola (Apple et stations de travail sous Unix) et une compétition entre les systèmes d'exploitation (Unix, MacOS et MSDOS puis Windows). L'opportunité de compatibilité avec les PCs d'IBM fit passer au second plan le nom du constructeur de l'ordinateur, et découragea même IBM de poursuivre cette compétition. Dans cette période, l'informatique se transformait avec l'apparition de logiciels clés en mains à grand marché comme Word (Microsoft) et Pagemaker en 1985 (Adobe) qui lançait le traitement de texte et la PAO.

En parallèle, le microprocesseur 68000 était utilisé dans des ordinateurs professionnels plus puissants (Apollo, Sun, Silicon Graphics, HP) destinés à exécuter le système Unix pour des ingénieurs (stations de travail). Une des applications était le développement d'outils de CAO pour concevoir des circuits LSI, lancée principalement par l'ouvrage de Mead et Conway paru en 1980 [ ] et répandue à l'université (principalement Berkeley). Ceci conduisit à une prolifération de conceptions de processeurs, en liaison avec la recherche d'efficacité lors de la compilation, et déboucha sur les architectures RISC. Expliquons de quoi il s'agit.

Les gros ordinateurs des générations précédentes étaient micro-programmés : le décodage et l'exécution d'une instruction étaient réalisés par un microprogramme qui pouvait fonctionner 5 à 10 fois plus vite car la mémoire de microprogramme et les registres étaient plus petits que la mémoire générale. Mais au début des années 80, les mémoires rapides devenaient plus grosses (ce qui permettait d'avoir de gros microprogrammes), et les mémoires de grande taille devenaient plus rapides, si bien que le rapport de vitesse entre les deux ne justifiait plus le décodage micro-programmé des instructions. Par ailleurs, certains compilateurs produisaient directement du code pour le microprogramme. On en vint à supprimer un des deux niveaux en choisissant un jeu d'instructions simple, facile à décoder, plus proche des micro-instructions, nommé RISC (Reduced Instruction Set Computer : ordinateur à jeu d'instructions réduit). C'est le jeu d'instructions qui est "réduit" : il y a peu d'instructions différentes. La fréquence d'horloge pouvait être élevée grâce à la simplicité de décodage de l'instruction. Par ailleurs, l'exécution des instructions se prête à une structure matérielle dite "pipe-linée", qui permet un parallélisme d'exécution des différentes étapes d'instructions successives.

Cette architecture RISC déboucha sur de nouveaux microprocesseurs (comme ceux de la société MIPS par ex.) qui équipèrent les stations de travail à partir de 1985. Sun introduisit le SPARC en 1987.

Parallèlement, Intel et Motorola continuaient vers les 16-32 bits avec des architectures plus classiques (dites alors CISC par opposition à RISC, le C étant mis pour "complex"), en gardant la compatibilité logicielle avec les 16 bits, mais en permettant un espace d'adressage plus grand et la gestion d'une mémoire virtuelle avec un cache d'instructions, en profitant de la plus grande densité d'intégration et de l'augmentation des fréquences d'horloge. En 1985, le Intel 80386 est réalisé en technologie 1 micron, contient 300 K transistors et fonctionne à 20 MHz. Il est pipe-liné en 5 étages :

1. Lecture de l'instruction en mémoire,

2. Décodage de l'instruction et lecture des registres,

3. Exécution ou calcul d'adresse,

4. Lecture/écriture des opérandes en mémoire,

5. Écriture dans les registres.

Il contient tout le CPU (Central Processing Unit), avec le cache, mais pas le FPU (Floating Point Unit, extérieur, 80387), ni le MMU (Management Memory Unit). Le circuit Motorola équivalent est le 68030 (le 68020 de 1984 était le premier CPU à inclure le cache, ce qui accélère beaucoup car permet de disposer d'un bus large en interne et ainsi d'augmenter le débit). Le CMOS se généralise car le NMOS dissipe trop pour les boîtiers 2 Watts.

La génération suivante (1991 : Intel 486 et Motorola 68040) contient 1,2 M transistors et intègre le FPU.

Un grande augmentation de la fréquence est obtenue lorsque Digital sort l'alpha 21064 à 150 MHz en 1992. Motorola se tourne alors vers les RISC, dans une alliance avec IBM et Apple pour les puces PowerPC. Intel inclut des idées issues du RISC dans son P5 (Pentium) en 1993 (60 MHz).

En 1996 apparaît le alpha 21164, technologie 0,35 microns, 9,3 M transistors, 500 MHz, 200 mm^2, 100 Koctets de cache, bus 128 bits.

Les adresses sont maintenant (depuis quelques années) sur 64 bits, ce qui permet de dépasser 4 Goctets d'espace d'adressage. En 1997, les pipe-lines faisaient jusqu'à 14 étages, maintenant jusqu'à 20.

Dans la période récente, le quasi-monopole du système d'exploitation Windows de Microsoft a assuré la suprématie des puces x86-Pentium (Intel, AMD, etc.). Elles incluent des instructions spécifiques pour le graphique et le multimédia (MMX). La dissipation du CMOS a beaucoup augmenté (plus de 100 Watts) en raison de l'augmentation des fréquences d'horloge, et malgré la diminution de la tension d'alimentation. Cela nécessite un gros radiateur assisté d'un ventilateur.

En parallèle, on a vu le fort développement des logiciels libres et en particulier du système d'exploitation Linux qui est porté sur tous les types de processeurs et est accompagné de toutes les applications logicielles souhaitées. D'autre part, Apple utilise également un système d'exploitation basé sur Unix : Mac OS X (en partie unix-libre car basé sur FreeBSD) et a récemment converti toute sa gamme aux processeurs Intel. Le couple Unix-Intel semble actuellement avoir le vent en poupe, même si les différentes versions de Windows occupent toujours la part principale du marché.

Les usages des PCs se modifient énormément et très rapidement avec le développement d'Internet via l'ADSL et le Wifi, les assistants personnels, les téléphones mobiles, les baladeurs MP3, les jeux en réseaux, les appareils photo numériques, le GPS. Tout ceci peut influencer beaucoup à l'avenir les systèmes d'exploitation et les processeurs, et tout ce qui paraît bien installé peut à tout moment être bouleversé.

Chapitre 3

Le futur de la micro-électronique

3.1 Pouvons-nous prédire la suite?

Depuis plusieurs décennies, la prévision de l'avenir de la micro-électronique a consisté à extrapoler la loi de Moore. On peut continuer à le faire, en ayant conscience de ce que cela suppose d'innovations techniques à venir pour résoudre de nombreuses difficultés. Les prévisions (en 2004) de l'ITRS (International Technology Roadmap for Semiconductors) sont résumées dans le tableau de la figure 3.1, et concernent une dizaine d'années. ("Année de début de production" signifie qu'une compagnie est capable de produire 10 000 circuits par mois dans la nouvelle technologie, et qu'elle sera rejointe dans les trois mois par une autre compagnie.)

Il est clair que ce tableau est alléchant puisqu'il promet toujours davantage de puissance de calcul, davantage de miniaturisation, à des coûts toujours plus bas. Il est vraisemblable que cette évolution exponentielle pourra continuer encore pendant une dizaine d'années. Mais, les difficultés sont de 3 ordres :

1. La miniaturisation approche des limites physiques : la longueur d'un canal de transistor est de l'ordre de la centaine de distances atomiques. L'épaisseur de la couche d'oxyde de grille (de l'ordre du nm) correspond à quelques couches atomiques. Les temps de propagation sur des distances de plus d'un centimètre sont grands devant la période d'horloge.

Année de début de production	1995	1997	1999	2001	2004	2007	2010	2013	2016
Technologie (demi-période en nm)	350	250	180	130	90	65	45	32	22
Longueur physique de grille (en nm)				65	37	25	18	13	9
Capacité des mémoires (bits/circuit)	64 M	128 M	256 M	512 M	1 G	4 G	8 G	32 G	64 G
Microprocesseurs hautes performances (nb de transistors pour un circuit de 310 mm^2)				0,3 G	0,5 G	1,1 G	2,2 G	4,4 G	8,8 G
ASIC (nb de transistors pour un circuit de 572 mm^2)				0,7 G	1 G	2 G	4 G	8 G	16 G
Fréquence d'horloge interne max (GHz)	0,3	0,5	0,7	1,7	4	9	15	23	40
Nombre de couches d'interconnexion (métal)	4	5	6	7	8	9	10	10	12
Nombre de masques (microprocesseurs)				25	25	27	27	29	32
Tension d'alimentation (Volts) pour un circuit hautes performances	3,3	2,5	2	1,2	1,2	1,1	1	0,9	0,8
Tension d'alimentation (Volts) pour un circuit à faible dissipation en mode veille				1,1	0,9	0,8	0,7	0,6	0,5
Puissance maximum dissipée avec radiateur (Watts)	80	90	110	130	160	190	200	200	200
Puissance maximum dissipée circuit pour un portable sur batterie (Watts)					2,2	2,5	2,8	3	3

FIGURE 3.1 – Prévisions de l'ITRS en 2004

2. Complexité de conception : faire fonctionner ensemble plusieurs centaines de millions de transistors dans des structures peu répétitives
comme celles des microprocesseurs devient de plus en plus complexe,
et les méthodes de conception deviennent difficiles à gérer.

3. Les enjeux financiers sont colossaux. Le coût d'une usine de production atteint la dizaine de milliards d'euros, et une partie des machines
doit être changée à chaque génération (2 ou 3 ans). Le changement
de diamètre des wafers (comme le récent passage de 200 à 300 mm)
demande de changer une grande proportion de machines en un temps
court.

Toutes ces difficultés, dont nous allons détailler ci-dessous les deux premières,
peuvent apparaître énormes, mais elles sont proportionnellement du même
ordre que celles qui ont été surmontées dans le passé. Elles constituent une
liste de défis qui montre la vitalité de ce secteur, et il est bien difficile de
prédire ceux qui seront relevés rapidement et ceux qui resteront des points
durs.

3.2   Limites physiques

Les limites physiques sont des limites qu'impose la Nature à l'augmentation de densité des composants. Il est clair qu'une diminution exponentielle de la largeur des motifs gravés va rencontrer rapidement les dimensions atomiques et qu'alors les hypothèses qui fondent la microélectronique ne tiendront plus. La figure 3.2 permet de se faire une idée des dimensions des objets rencontrés.

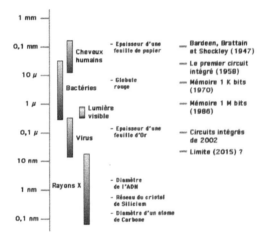

FIGURE 3.2 – Dimensions caractéristiques

On peut citer quelques exemples des difficultés d'ordre physique (liées à la taille des transistors) que l'on va rencontrer pour continuer à suivre la loi de Moore.

1) **La dissipation thermique**. Dans un circuit électronique numérique de calcul (qui n'attaque pas une charge demandant de la puissance), toute l'énergie électrique consommée est transformée en chaleur. Si la puissance consommée est élevée, cela pose deux types de problèmes. D'une part, il faut fournir cette puissance électrique, ce qui est problématique pour tout ce qui

est portable, à cause des difficultés liées au poids et à l'entretien des batteries ainsi qu'à la durée d'autonomie. D'autre part, il faut extraire la chaleur émise depuis un volume toujours plus petit. Au delà de 2 Watts par circuit, il faut un radiateur. Au delà de 10 Watts, il faut en outre un ventilateur. Tout ceci ajoute du volume, du poids, de la complexité, du bruit, des coûts, etc.

Pour du CMOS, la puissance thermique dissipée (puissance électrique consommée) est en gros de la forme :

$$P = f \times N \times C \times V^2$$

avec :
- f : fréquence d'horloge
- N : nombre de portes
- C : capacité élémentaire
- V : tension d'alimentation

Quand on réduit les dimensions des transistors et la tension d'alimentation (figure 3.3), on réduit la consommation de chaque porte, car celle-ci est proportionnelle à CV^2. Ainsi, si on passe d'une technologie "0,5 microns, 5 Volts" à une technologie "0,05 microns, 1 Volt", on gagne un facteur 250 pour chaque porte. Mais dans le même temps, la finesse de gravure nous permet de multiplier par plus de 500 le produit $f \times N$. Le résultat global est grosso-modo un doublement de la consommation (pour les composants les plus performants du moment) en 18 ans. Mais il ne faut pas oublier que cette petite augmentation résulte d'une presque compensation de deux facteurs énormes.

Année	1992	2010
Techno	0,5 micron 5 Volts	0,05 micron 1 Volt
$C.V^2$	A	A / 250
f.N	B	B x 500
Puissance	A.B	A.B x 2

FIGURE 3.3 – Évolution de la dissipation sur 18 ans

Actuellement, la puissance P a atteint un mur car elle est limitée par les possibilités d'évacuation de la chaleur par les radiateurs. On considère qu'il n'est pas raisonnable de dépasser 200 W par puce. La façon dont se manifeste cette limite est alors la suivante : comme on ne peut pas augmenter la dissipation totale d'un circuit, et comme le terme CV^2 ne baisse pas assez vite (V ne peut plus diminuer), alors on ne peut pas utiliser pleinement les capacités d'intégration que permet la finesse de gravure.

2) **Temps de propagation et vitesse d'horloge.** Pour une technologie 0,25 micron, si les connexions sont espacées au minimum possible, le temps de propagation sur 1 cm est de 10 ns. Si on écarte les connexions, ce délai diminue, mais alors la densité est plus faible. Distribuer une horloge de plus de 1 GHz (c'est-à-dire une période de 1 nanoseconde) dans un circuit où les temps de propagation internes sont de l'ordre de plusieurs nanosecondes est vraiment très complexe. Cela peut conduire à changer les matériaux pour changer les constantes diélectriques et changer ainsi la vitesse de propagation. Mais la vitesse de propagation des signaux électriques est bornée par la vitesse de la lumière dans le vide qui n'est que 30 cm par ns (nanoseconde), il n'y a donc pas beaucoup de marge.

Cette contrainte conduit à ne laisser que des communications locales, mais cela change le modèle de calcul vers un modèle comportant davantage de parallélisme, plus difficile à programmer efficacement. On tend actuellement vers des structures dites "GALS" (Globalement Asynchrone et Localement Synchrone), ce qui signifie qu'une puce est un réseau de processeurs synchrones interconnectés par des bus asynchrones. Il s'agit bien de parallélisme, de plus en plus massif. Mais on sait bien que l'association de n processeurs ne permet que dans des cas très particuliers d'obtenir n fois la puissance d'un processeur et on en est souvent très loin (loi de Amdhal). Ceci avait dans le passé fait repousser les solutions parallèles au profit de l'augmentation des performances permise par la loi de Moore. Le fait d'aller maintenant vers davantage de parallélisme est donc un symptôme de l'approche des limites de la loi de Moore.

3) **Gravure.** Les verres optiques (même le quartz) deviennent opaques pour des lumières de longueurs d'onde inférieures à 0,2 microns. On utilise actuellement des optiques en CaF_2. La gravure par rayons X a été étudiée, avec des masques à l'échelle 1, situés à 10 microns de la résine. Mais tout cela est très complexe, difficile à rendre économiquement viable. L'insolation par un faisceau d'électrons, sans masque mais par balayage, est trop lente pour être rentable (elle est utilisée pour des ASICs en petite série).

4) **Dispersion des caractéristiques physiques**. Des transistors de 0,06

micron fonctionnent à 120 GHz. Mais le dopage du canal est fait en implantant moins de 200 atomes de dopant. La variabilité statistique de ce nombre fait qu'il y a une très grande dispersion entre les transistors voisins dans un même circuit (RAM 256 G bits ou microprocesseur de 1,4 G transistors).

Peut-être que certaines de ces difficultés pourront être résolues en créant des structures redondantes pour tolérer les pannes où se reconfigurer dynamiquement ?

3.3   Gestion de la complexité de conception

Concevoir une puce de 100 millions de transistors, tout comme écrire un programme de 100 millions de lignes, ne peut se faire sans une structuration qui divise la complexité afin de localiser les difficultés pour les rendre gérables. (On peut se faire une idée grossière de l'évolution de cette complexité en considérant qu'on multiplie par un facteur 50 le nombre de transistors par puce tous les 10 ans et en essayant d'imaginer la complexité permise par les technologies à venir.)

Cette structuration nécessaire passe par l'établissement de normes qui définissent des objets communs à tous les concepteurs. Par exemple, dans les années 60-70, l'utilisation des fonctions SSI-MSI créaient une bibliothèque de briques de base commune à tous les électroniciens. Ceci a été remplacé ensuite par des bibliothèques de cellules standard, qui n'étaient plus des circuits complets, mais des éléments de base à assembler pour créer un circuit LSI. Ces cellules se comportent comme des mots d'un vocabulaire qui permet de décrire le fonctionnement d'un circuit en termes de transferts entre blocs (langage RTL : Register Transfer Level).

De nombreuses normes jouent ce rôle structurant qui permet de gérer une complexité plus grande. On peut citer (en vrac, et dans des ordres de natures et de dimensions très variées) :

- La norme TTL : A l'époque des circuits SSI-MSI, la tension d'alimentation était de 5 Volts, et les signaux d'entrée-sortie étaient calibrés en tension et en courant par cette norme. Cela était issu de ce qui était réalisable avec les transistors bipolaires des années 60, dont la technologie s'appelait Transistor-Transistor-Logic. Cette norme de calibrage de signaux d'entrée-sortie a continué longtemps à s'appliquer, alors que les circuits étaient MOS, car elle permettait d'interconnecter des circuits de toute provenance et de toute fonction.

- La norme RS-232 : norme de formatage des échanges de caractères alphanumériques sur une ligne série. Initialement destinée à connecter un terminal de type machine à écrire à un ordinateur distant à l'aide de 3 fils, elle s'est adaptée à toutes sortes d'échanges de données entre toutes sortes d'appareils numériques, et a facilité la conception matérielle et logicielle de ces appareils.

- De la même façon, Ethernet, et l'interconnexion en réseau local, a joué un rôle similaire. Plus largement, la norme TCP/IP, celle de l'Internet, et les protocoles client/serveur ont permis de connecter tous ces réseaux locaux afin de créer un réseau mondial, dans lequel le mode d'échange entre deux ordinateurs quelconques est simple et banalisé.

- Les langages de description de matériel (tels que VHDL), soit à un niveau élevé extérieur (comportemental), soit à un niveau plus fin d'implémentation (structurel), facilitent l'échange entre les ingénieurs et/ou entre les projets, en permettant notamment de hiérarchiser la description des circuits complexes.

- Au sein des circuits intégrés, on cherche à réutiliser, lors de la conception d'un nouveau circuit, de gros blocs déjà évalués. Pour ce faire, on doit pouvoir ignorer l'intérieur du bloc pour ne gérer que son interface avec le reste du circuit. Ceci permet en particulier d'utiliser des blocs conçus par des tierces parties qui peuvent vouloir protéger leur droits d'auteurs, comme s'il s'agissait de produits isolés (on parle de circuits IP, pour "Intellectual Property"). Ceci nécessite la mise au point d'un norme : VSIA (Virtual Socket Interface Alliance).

Chaque norme crée un langage pour décrire des circuits à un niveau hiérarchique plus ou moins élevé. À ces normes correspondent des outils de CAO qui peuvent vérifier ou traduire des descriptions de circuits afin de faciliter la tâche de conception.

Au niveau le plus bas, il s'agit de dessiner les transistors pour créer des portes logiques, en respectant les règles de dessin imposées par la technologie (succession de photolithogravures). Les outils utilisés sont des éditeurs graphiques, ou des éditeurs symboliques (qui font des tassements automatiques), des vérificateurs de dessins (qui contrôlent que les règles technologiques sont respectées), des extracteurs (qui déduisent la fonction logique à partir du dessin), des simulateurs électriques (qui utilisent des modèles physiques des transistors pour simuler et vérifier le fonctionnement logique).

À un niveau plus élevé, il n'est plus possible de simuler physiquement tous les transistors, et les simulations seront soit purement logiques, soit tenant compte d'un temps de propagation qui sera ajouté à la traversée de chaque porte sur chaque trajet.

Mais en fait, comme les temps de propagation réels sont très dépendants de la disposition à la surface du silicium (après "placement" des blocs et "routage" des fils), il n'est pas possible de simuler ces temps sur un gros circuit au début de la conception. Il faut donc commencer par valider la réalisation logique, puis faire le placement-routage, puis en extraire des temps de propagation plus réalistes qui seront reportés dans les simulations ... et qui pourront remettre en cause les structures logiques, ce qui oblige à reparcourir plusieurs fois la chaîne de conception suivante :

 – Définition de la fonction à intégrer, écriture de spécifications,
 – Écriture de la fonction en un langage de description de matériel (VHDL, Verilog ou System C) et simulation logique,
 – Synthèse logique, simulations,
 – Placement-routage,
 – Extraction et vérification des règles de dessin, simulations électriques,
 – Commande des masques.

A un niveau encore plus élevé, il faut pouvoir simuler ensemble le circuit et le logiciel qui l'utilise pour vérifier si le découpage choisi pour les fonctions est efficace (on parle alors de "co-design hardware-software").

Par ailleurs, il faut prévoir, dès la conception d'un circuit, comment seront validés (testés) les circuits en fin de chaîne de fabrication (tri entre les "bons" pour la vente et les "mauvais" pour la poubelle), car le rendement n'est jamais de 100%. Or, plus un circuit réalise une fonction complexe, plus son test peut être complexe. On utilise des méthodes spécifiques, qui consistent souvent à ajouter de la circuiterie dans la puce elle-même afin de faciliter le test, soit en permettant l'accès à certains signaux internes autrement cachés, soit en faisant réaliser des tests automatiques par le circuit lui-même.

Tous les outils impliqués nécessitent des temps de calcul qui croissent rapidement avec la complexité des circuits à concevoir. Certaines étapes de simulation peuvent nécessiter des mois de calcul.

À toutes les phases de la conception se posent des questions cruciales comme par exemple celle du découpage d'une fonction en plusieurs puces. Pour un certain nombre de transistors, à la génération N, il vaut mieux découper en deux circuits, et à la génération suivante $N + 1$, il vaut mieux intégrer tout sur une seule puce. Ce "il vaut mieux" s'appuie sur une fonction de coût qui prend en compte le coût de développement et le coût de production, qui est, lui, fonction du nombre de pièces à fabriquer et du rendement de fabrication. Un circuit qui est en limite de ce que la technologie permet aura un rendement de fabrication très faible, alors qu'à la génération suivante, le même circuit sera rentable.

Ces problèmes de complexité de conception sont souvent analysés comme constituant une limite à l'accroissement de densité, un peu comme pour les limites physiques. En effet, l'écart semble se creuser entre les possibilités offertes par la technologie de réalisation de circuits et ce qu'il est possible de concevoir avec des équipes de taille réaliste. Ainsi, on n'est pas sûr de toujours pouvoir tirer profit de ce que la gravure permet.

Chapitre 4

Conclusion

L'accroissement exponentiel de l'activité autour de la micro-électronique, de l'informatique et des télécommunications engendre une révolution industrielle d'une ampleur inédite car aucun autre système technique n'avait permis dans le passé une évolution si rapide de la société, et cette fois à l'échelle de la planète. À titre de comparaison, la première révolution industrielle s'est étendue sur près de deux siècles, si on la fait débuter vers le milieu du 18ème siècle avec les machines de Watt, et si on fixe sa fin vers le milieu du 20ème avec la généralisation des réseaux de transport de matière et d'énergie. On peut aussi considérer comme un autre système technique les développements de l'industrie automobile, du pétrole et de l'aviation, qui, entre les premiers essais et la maturité, ont occupé moins d'un siècle. Le système technique lié à la micro-électronique s'est développé et a transformé le monde en moins de 40 ans. Il est à l'origine de la mondialisation de l'économie qui conduit à de grandes conséquences géopolitiques et environnementales.

Ce système technique est-il arrivé à maturité, ou bien le développement exponentiel va-t-il continuer encore longtemps ? Quand on dit "les limites semblent devoir être atteintes dans moins de 10 ans", on prononce une phrase qu'on entend depuis plus de 20 ans ! Certes, cette sentence ne restera pas toujours fausse car on ne peut que se rapprocher des limites physiques, qui n'ont pas l'air d'être illusoires. Mais même si on se borne à l'horizon 2015, on constate que la technologie recèle encore des possibilités extraordinaires. Certes, les difficultés à surmonter sont énormes, mais on peut les supposer comparables à celles qui ont été surmontées dans le passé.

Quels sont les développements prévisibles ? Depuis peu, les débits de transmission sur les réseaux permettent de passer de la vidéo de bonne résolution en temps réel. Les PCs auront bientôt des capacités (puissance de calcul et taille mémoire) suffisantes pour manipuler confortablement des fichiers contenant des videos. De nombreux appareils utilisés au quotidien contiennent de l'électronique communicante. Les automobiles comportent des systèmes de navigation et des automatismes de sécurité sophistiqués. Ces systèmes se banalisent, et les puces électroniques sont partout, même dans des objets très bon marché, comme les puces RFID (Radio Frequency Identification Device) qui équipent certains badges et qui remplaceront les étiquettes code-barre dans les supermarchés. On envisage même de développer des bombes de peinture où chaque goutelette serait un microprocesseur communicant !

Ces techniques, qui nous semblaient tenir du prodige il y a encore peu de temps, en viennent maintenant à se banaliser au point de devenir invisibles : on les utilise à chaque instant sans s'en rendre compte. Quand je prends une photo avec mon téléphone mobile GPS, et que je l'envoie par mail à un ami, elle lui apparaît positionnée sur une carte du monde. C'est simple et banal, mais cette procédure a utilisé des réseaux de satellites artificiels, des horloges atomiques, des réseaux de communications téléphoniques rapides, des bases de données géographiques, de la gravure au centième de micron, etc. Toutes choses dont aurait rêvé James Bond il y a trente ans. Mais cette société est bien proche de celle décrite par G. Orwell dans son roman *1984*. L'homme saura-t-il construire une autre société avec ces techniques ?

Bibliographie

[1] *The Transistor*, Bell Labs Technical Journal, Vol 2, n. 4, automne 1997,
http://www3.interscience.wiley.com/journal/97518232/issue.

[2] Bertrand Gille, *Histoire des techniques*, Encyclopédie de la pléiade.

[3] Carver Mead & Lynn Conway, *Introduction to VLSI Systems*, Addison Wesley, 1980.

[4] Les données économiques sont de source Dataquest et WSTS,
http://www.wsts.org/.

[5] Les prévisions concernant l'évolution des technologies futures sont tirées du rapport de l'ITRS : *International Technology Roadmap for Semiconductors*,
http://www.itrs.net/.

45

Table des matières

ÉDITIONS
UNIVERSITAIRES
EUROPÉENNES

Une maison d'édition scientifique
vous propose
la publication gratuite

de vos articles, de vos travaux de fin d'études, de vos mémoires de master, de vos thèses ainsi que de vos monographies scientifiques

---

Vous êtes l'auteur d'une thèse exigeante sur le plan du contenu comme de la forme et vous êtes intéressé par l'édition rémunérée de vos travaux? Alors envoyez-nous un email avec quelques informations sur vous et vos recherches à: info@editions-ue.com.

Notre service d'édition vous contactera dans les plus brefs délais.

Éditions universitaires européennes
Dudweiler Landstraße 99
66123 Sarrebruck
Allemagne
www.editions-ue.com

www.ingramcontent.com/pod-product-compliance
Lightning Source LLC
LaVergne TN
LVHW042351060326
832902LV00006B/534